E. GRANADOS

CUENTOS DE LA JUVENTUD

COLECCION DE OBRAS FACILES PARA PIANO

Op. 1

UNION MUSICAL EDICIONES S.L.
CALLE MARQUES DE LA ENSENADA, 4
28004, MADRID.

Dedicatoria.

A mi hijo Eduardo

E. GRANADOS.
Op. I.

La mendiga.

Cancion de Mayo.

Cuento viejo.

Viniendo de la fuente.

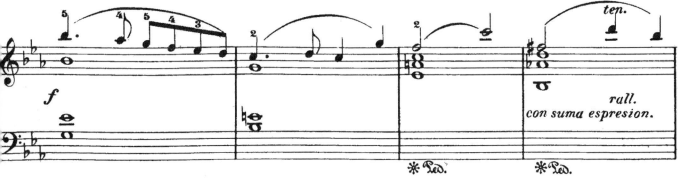

Recuerdos de la infancia.

Poco lento.

N.° 7.

El fantasma.

La huerfana.

Poco lento y de una interpretacion sencillisima.

Marcha.